School - 學校 2
Törn - 旅行 5
Transport - 交通運送 8
Stadt - 城市 10
Landschop - 地形 14
Spieslokal - 餐館 17
Supermarkt - 超市 20
Drünk - 飲料 22
Eten - 食物 23
Buernhoff - 農場 27
Huus - 房子 31
Wahnstuuv - 客廳 33
Köök - 廚房 35
Baadstuuv - 浴室 38
Kinnerstuuv - 兒童房 42
Tüüch - 衣服 44
Büro - 辦公室 49
Weertschop - 經濟 51
Profeschonen - 職業 53
Warktüüch - 工具 56
Musikinstrumenten - 樂器 57
Deertenpark - 動物園 59
Sport - 體育 62
Aktivitäten - 活動 63
Familje - 家 67
Lief - 身體 68
Krankenhuus - 醫院 72
Nootfall - 緊急情形 76
Eerd - 地球 77
Klock - 鐘錶 79
Week - 週 80
Johr - 年 81
Formen - 形狀 83
Farven - 顏色 84
Gegendelen - 反義詞 85
Tallen - 數字 88
Spraken - 語言 90
wokeen / wat / wo - 誰/什麼/如何 91
wo - 方位 92

Impressum
Verlag: BABADADA GmbH, Nedderfeld 112 , 22529 Hamburg
Geschäftsführer / Verlagsleitung: Harald Hof
Druck: Books on Demand GmbH, In de Tarpen 42, 22848 Norderstedt

Imprint
Publisher: BABADADA GmbH, Nedderfeld 112 , 22529 Hamburg, Germany
Managing Director / Publishing direction: Harald Hof
Print: Books on Demand GmbH, In de Tarpen 42, 22848 Norderstedt

School

學校

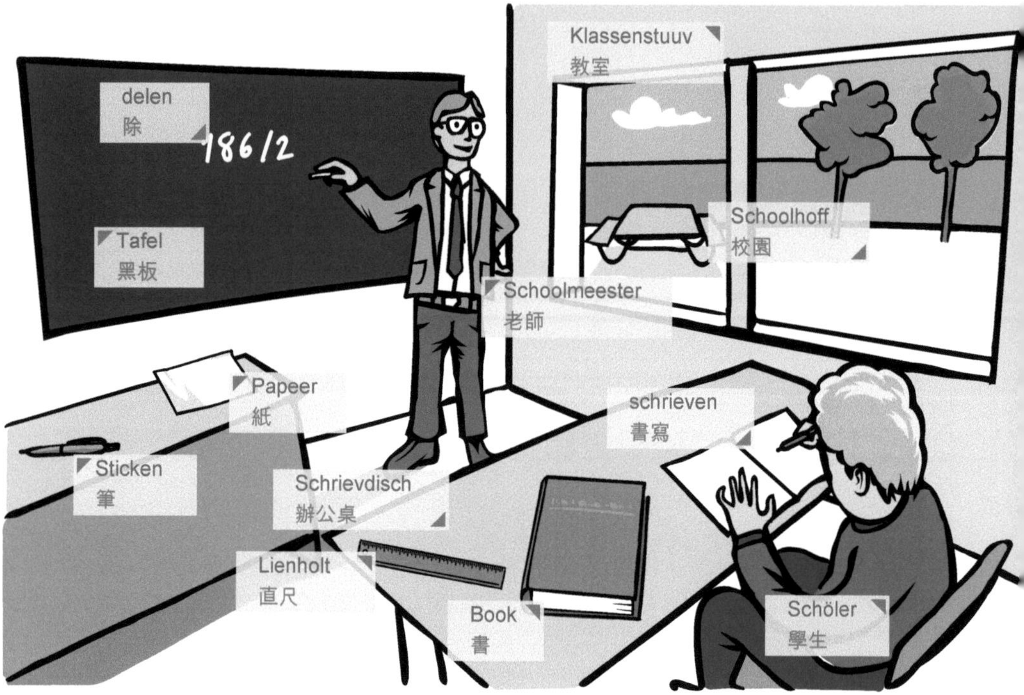

Klassenstuuv
教室
delen
除
186/2
Tafel
黑板
Schoolhoff
校園
Schoolmeester
老師
Papeer
紙
schrieven
書寫
Sticken
筆
Schrievdisch
辦公桌
Lienholt
直尺
Book
書
Schöler
學生

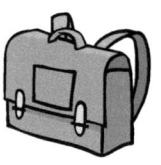

Ranzel

書包

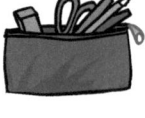

Feddermapp

鉛筆盒

Bleesticken

鉛筆

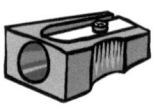

Scharpmaker

削鉛筆機

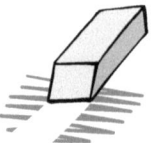

Radeergummi

橡皮擦

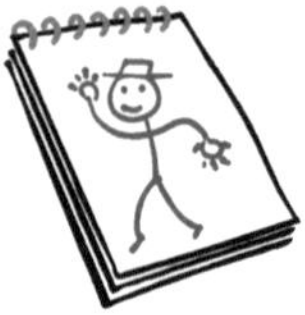

Tekenblock

畫板

Teken

圖畫

Pinsel

畫筆

Malkassen

顏料盒

Scheer

剪刀

Klever

膠水

Heft to'n Öven

練習冊

Huusopgaav

家庭作業

Tall

數字

tohooptellen

加

aftrecken

減

malnehmen

乘

reken

計算

Bookstaav

字母

ABC

字母表

Woort

字

Text

課文

lesen

讀

Kried

粉筆

Stunn

上課

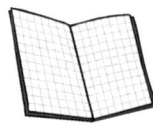

Klassenbook

登記

Pröven

考試

Tüügnis

證書

Schooluniform

校服

Utbillen

教育

Nakieksel

百科全書

Universität

大學

Mikroskop

顯微鏡

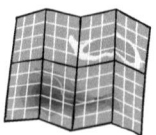

Koort

地圖

Papeerkorf

廢紙簍

Törn
旅行

Hotel
飯店
Grand
Harbarg
青年旅社
ROOMS
Wesselstuuv
外幣兌換處
EXCHANGE
Kuffer
手提箱
Auto
汽車

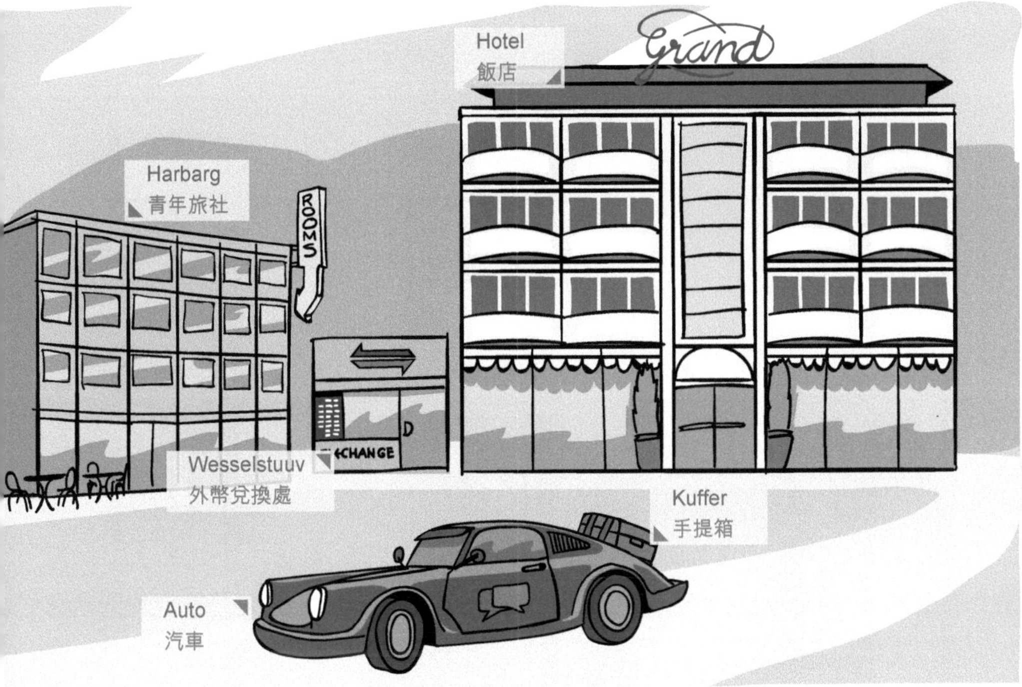

Spraak
語言

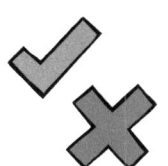

jo / ne
是/否

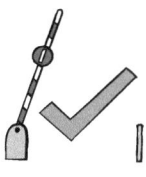

Jo
好的

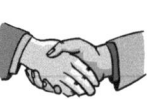

Moin
您好

Översetter
翻譯人員

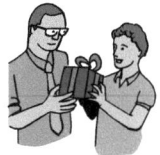

Dank ok
謝謝

Wat kost...?

......多少錢？

Ik verstah nich

我不明白

Problem

問題

Goden Avend

晚上好！

Moin!

早上好！

Gode Nacht!

晚安！

Tschüüs

再見

Richt

方向

Bagaasch

行李

Tasch

包

Rüchsack

背包

Gast

客人

Stuuv

房間

Slaapsack

睡袋

Telt

帳篷

Touristeninformatschoon

旅行資訊

Strand

海灘

Kreditkoort

信用卡

Fröhstück

早餐

Meddageten

午餐

Avendeten

晚餐

Fohrkort

票

Fohrstohl

電梯

Breefmark

郵票

Grenz

邊界

Toll

海關

Bottschop

大使館

Visum

簽證

Pass

護照

Transport
交通運送

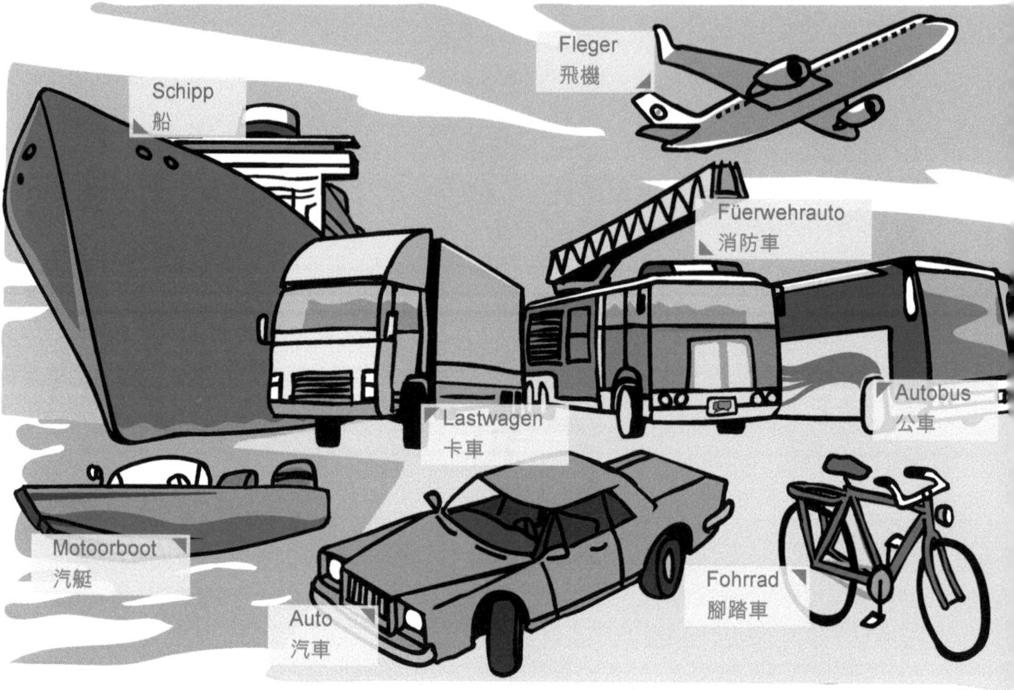
Fleger
飛機
Schipp
船
Füerwehrauto
消防車
Autobus
公車
Lastwagen
卡車
Motoorboot
汽艇
Fohrrad
腳踏車
Auto
汽車

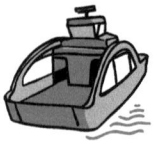

Fähr

渡輪

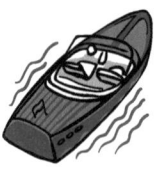

Boot

小船

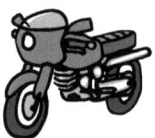

Motoorrad

機車

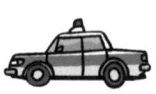

Polizeiauto

警車

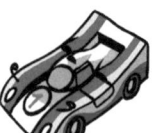

Rönnauto

賽車

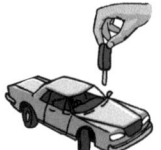

Lehnwagen

租車

Carsharing

拼車

Afsleepwagen

拖車

Müllauto

垃圾車

Motoor

馬達

Kraftstoff

汽油

Tanksteed

加油站

Verkehrsschild

交通標識

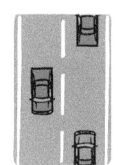

Verkehr

交通

Stau

交通堵塞

Afstellplatz

停車場

Bahnhoff

火車站

Sporen

軌道

Tog

火車

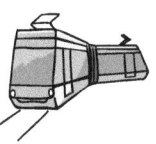

Stratenbahn

路面電車

Wagon

客車廂

Dwarsmöhl

直升機

Flooghaven

機場

Tower

塔

Fohrgast

乘客

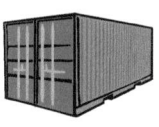

Grootkist

集裝箱

Karton

紙板箱

Koor

手推車

Korf

籃子

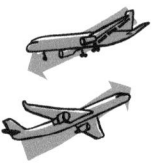

starten / lannen

起飛/降落

Stadt

城市

Dörp

村莊

Binnenstadt

市中心

Huus

房子

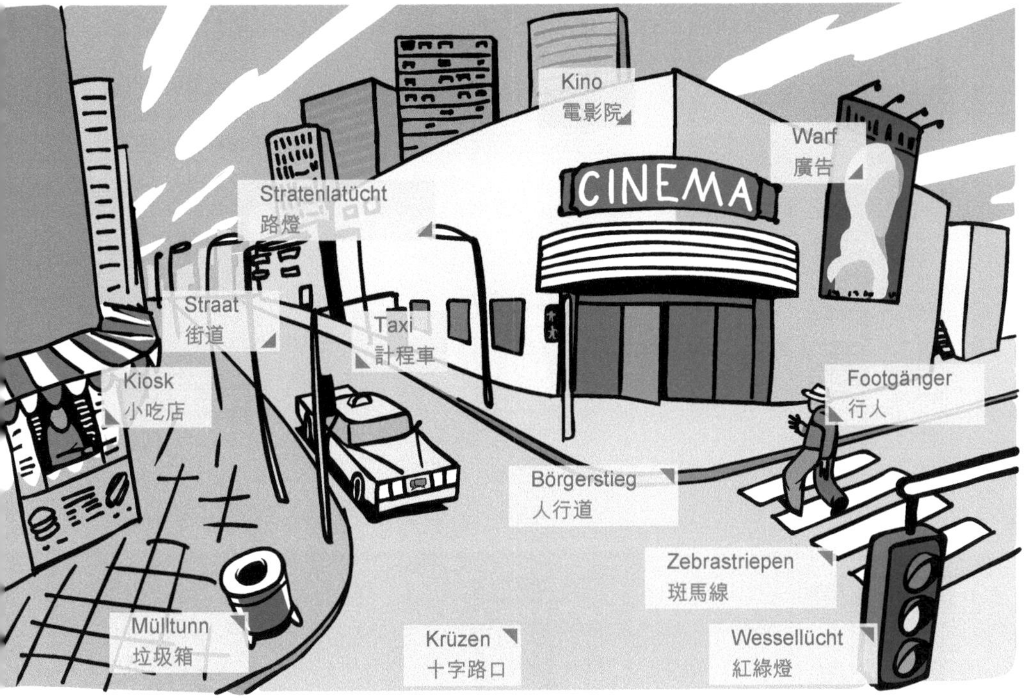

Kino
電影院
Warf
廣告
CINEMA
Stratenlatücht
路燈
Straat
街道
Taxi
計程車
Kiosk
小吃店
Footgänger
行人
Börgerstieg
人行道
Zebrastriepen
斑馬線
Mülltunn
垃圾箱
Krüzen
十字路口
Wessellücht
紅綠燈

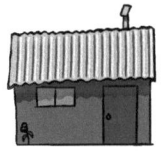

Hütt
小屋

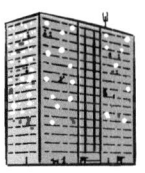

Wahnung
公寓

Bahnhoff
火車站

Raathuus
市政廳

MUSEUM
Museum
博物館

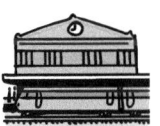

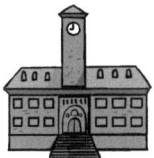

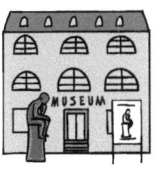

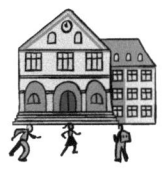

School
學校

Universität

大學

Bank

銀行

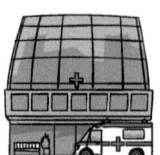

Krankenhuus

醫院

Hotel

飯店

Afteek

藥房

Büro

辦公室

Bookhökerie

書店

Hökerie

商店

Blomenhökerie

花店

Supermarkt

超市

Markt

市場

Koophuus

百貨商店

Fischhökerie

魚店

Inkoopszentrum

購物中心

Haven

海港

Parkanlaag

公園

Bank

長凳

Brüch

橋

Trepp

樓梯

Ünnergrundbahn

捷運

Tunnel

隧道

Busstoppsteed

公車站

Bar

酒吧

Spieslokal

餐館

Breefkassen

郵筒

Stratenschild

路標

Parkklock

停車計時器

Deertenpark

動物園

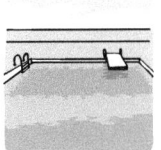

Baadanstalt

游泳池

Moschee

清真寺

Buernhoff
農場

Ümweltversmudden
污染

Karkhoff
墓地

Kark
教堂

Speelplatz
操場

Tempel
寺廟

Landschop

地形

Blatt
樹葉

Wiespahl
指示牌

Weg
路

Wisch
草地

Steen
石頭

Boom
樹

Wannerer
徒步旅行者

Fluss
河

Gras
草

Bloom
花

Daal

峽谷

Barg

丘陵

See

湖

Holt

森林

Wööst

沙漠

Füerspien Barg

火山

Slott

城堡

Regenbagen

彩虹

Poggenstohl

蘑菇

Palm

棕櫚樹

Steekmück

蚊子

Fleeg

蒼蠅

Miegeemk

螞蟻

Imm

蜜蜂

Spinn

蜘蛛

Sebber

甲蟲

Pogg

青蛙

Katteker

松鼠

Swienegel

刺蝟

Haas

野兔

Uul

貓頭鷹

Vagel

鳥

Swaan

天鵝

Wildswien

野豬

Hirsch

鹿

Elk

麋鹿

Staudamm

水壩

Windrad

風力發電機

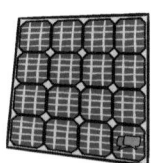

Solarmodul

太陽能電池板

Klima

氣候

Spieslokal
餐館

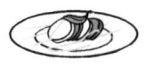

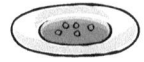

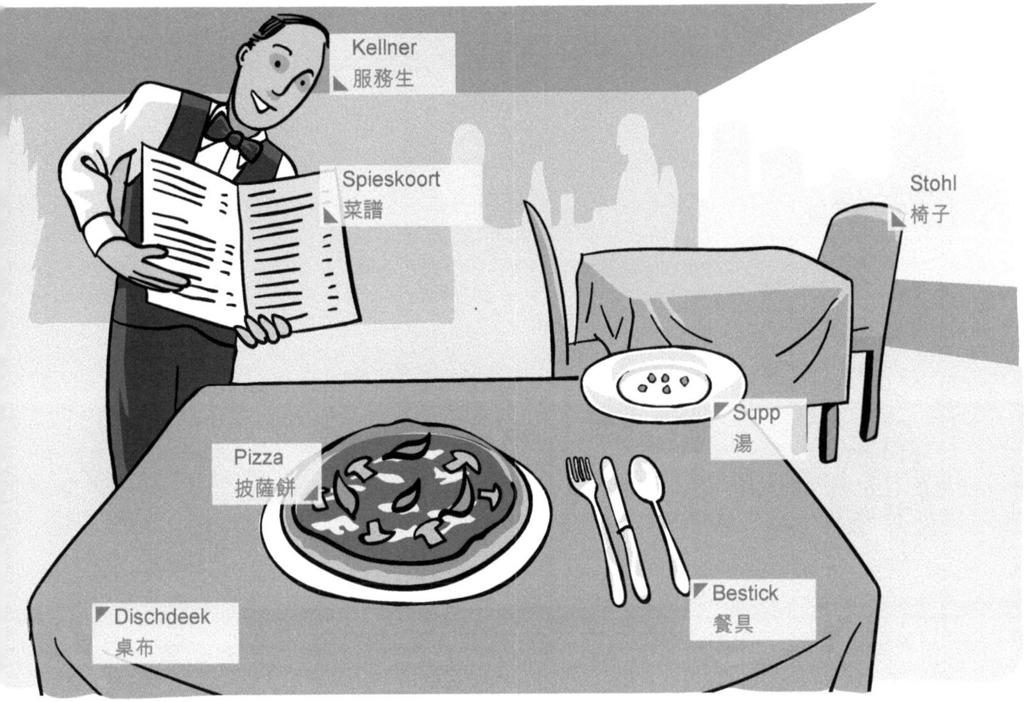

Kellner
服務生
Spieskoort
菜譜
Stohl
椅子
Supp
湯
Pizza
披薩餅
Bestick
餐具
Dischdeek
桌布

Vörspies

前菜

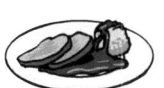

Haupteten

主菜

Nadisch

甜點

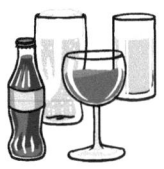

Drünk

飲料

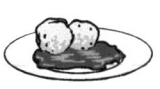

Eten

食物

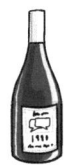

Buddel

瓶子

Fastfood

速食

Strateneten

街邊小吃

Teekann

茶壺

Zuckerdoos

糖盒

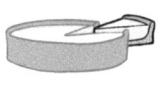

Portschoon

一份飯菜

Espressomaschien

義式咖啡機

Hoochstohl

高腳椅

Reken

帳單

Tablett

托盤

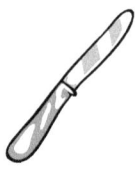

Mess

刀

Gavel

餐叉

Lepel

勺子

Teelepel

茶匙

Munddook

餐巾

Glas

玻璃杯

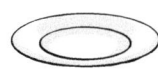

Töller

碟子

Suppentöller

湯盤

Ünnertass

碟子

Sooß

醬

Soltstreuer

鹽瓶

Pepermöhl

胡椒研磨罐

Etig

醋

Ööl

食用油

Krüder

調味料

Ketchup

番茄醬

Mostrich

芥末

Mayonnaise

美乃滋

Supermarkt
超市

Anbott
特價
FOR
Kunn
顧客
Melkprodukten
乳製品
Aaft
水果
Inkoopswagen
購物車

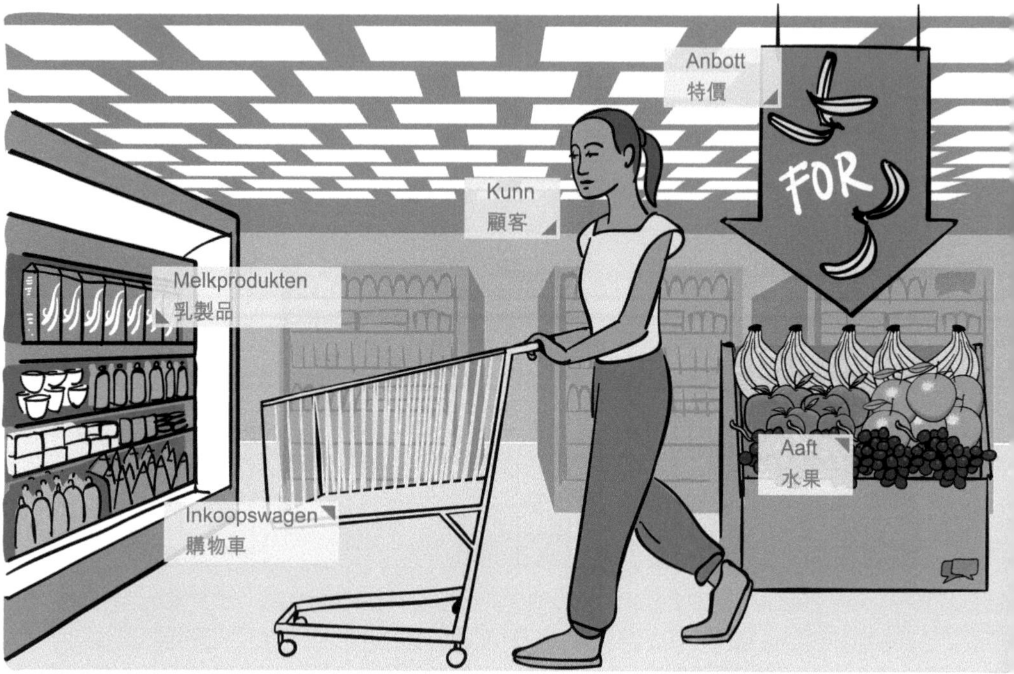

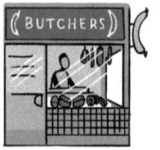

BUTCHERS

Slachterie

肉鋪

BAKERY

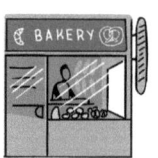

Bäckerie

麵包店

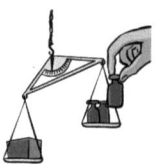

wegen

稱重

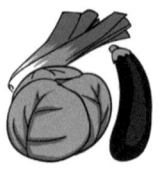

Gröönsaken

蔬菜

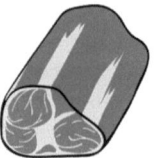

Fleesch

肉

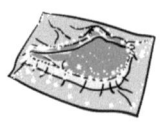

Deepköhlkost

冷凍食品

Opsnitt

冷盤

Konserven

罐頭食品

Waschmiddel

洗衣粉

Snoopkraam

甜食

Huushooltssaken

日用品

Reinmaaktüüch

清潔用品

Verköpersche

銷售員

Kass

收銀機

Kasserer

收銀員

Inkoopslist

購物清單

Opsparrtieden

開放時間

Breeftasch

錢包

Kreditkoort

信用卡

Tasch

袋子

Plastiktüüt

塑膠袋

Water

水

Saft

果汁

Melk

牛奶

Cola

可樂

Wien

紅酒

Beer

啤酒

Spriet

酒

Kakao

可可

Tee

茶

Koffie

咖啡

Espresso

義式濃縮咖啡

Cappucino

卡布奇諾

Banaan

香蕉

Appel

蘋果

Appelsien

柳丁

Meloon

西瓜

Zitroon

檸檬

Wöttel

胡蘿蔔

Knuuvlook

大蒜

Bambus

竹子

Zibbel

洋蔥

Poggenstohl

蘑菇

Nööt

堅果

Nudeln

麵條

Spaghetti

義大利麵

Ries

米飯

Salat

沙拉

Pommes frites

薯條

Braadkantüffeln

炸馬鈴薯

Pizza

披薩餅

Hamborger

漢堡

Sandwich

三明治

Snitzel

炸豬排

Schinken

火腿

Salami

義大利臘腸

Wust

香腸

Hohn

雞肉

Braden

烤肉

Fisch

魚

Haverflocken

燕麥片

Müsli

木斯里

Cornflakes

玉米片

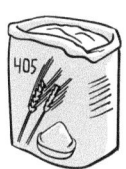

Mehl

麵粉

Croissant

牛角麵包

Rundstück

麵包捲

Broot

麵包

Toast

吐司

Keksen

餅乾

Botter

奶油

Quark

凝乳

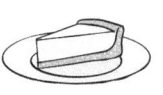

Koken

蛋糕

Ei

蛋

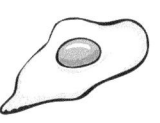

Spegelei

煎蛋

Kees

起司

Ies

冰淇淋

Zucker

糖

Honnig

蜂蜜

Marmelaad

果醬

Nougat-Creme

巧克力醬

Curry

咖哩

Buernhoff
農場

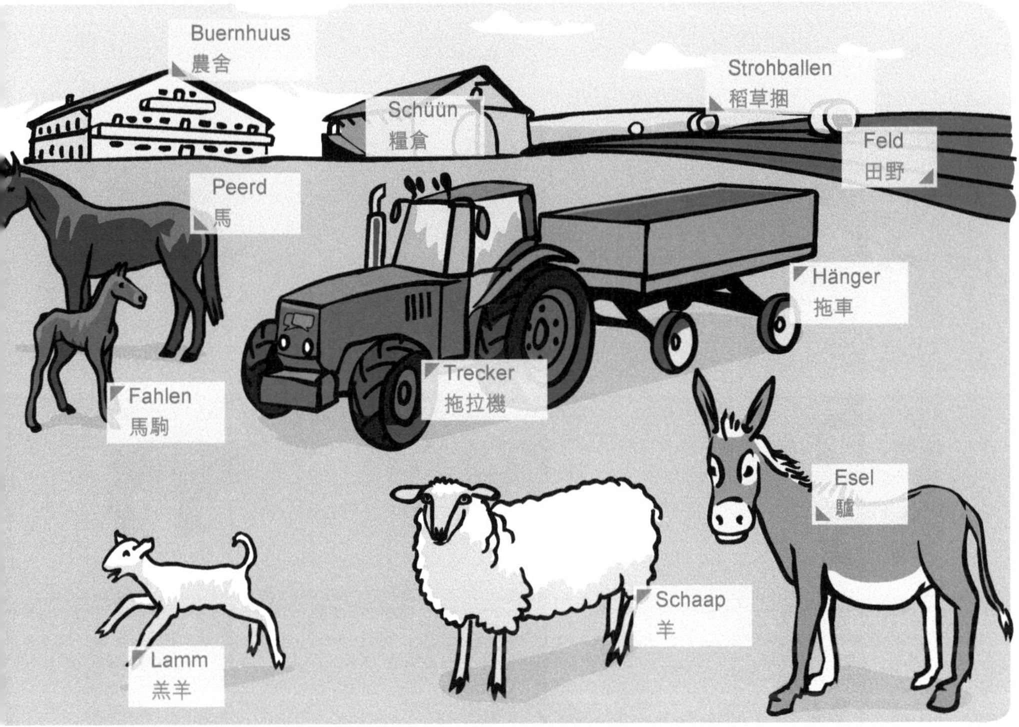

Buernhuus
農舍
Schüün
糧倉
Strohballen
稻草捆
Feld
田野
Peerd
馬
Hänger
拖車
Trecker
拖拉機
Fahlen
馬駒
Esel
驢
Schaap
羊
Lamm
羔羊

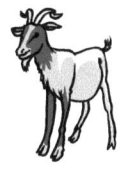

Zeeg

山羊

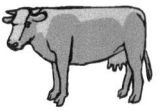

Koh

奶牛

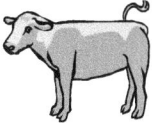

Kalf

小牛

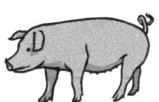

Swien

豬

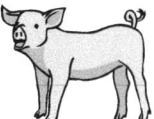

Farken

小豬

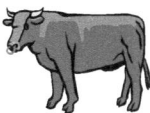

Bull

公牛

Goos

鵝

Aant

鴨

Küken

小雞

Hohn

母雞

Hahn

公雞

Rott

鼠

Katt

貓

Muus

老鼠

Oss

牛

Hund

狗

Hunnenhütt

狗屋

Goornslauch

花園澆水軟管

Geetkann

澆水壺

Lee

長柄大鐮刀

Ploog

犁

Sich

鐮刀

Hack

鋤頭

Mestfork

長柄草耙

Ext

斧頭

Schuufkoor

獨輪手推車

Trog

飼料槽

Melkkann

牛奶罐

Sack

麻布袋

Tuun

柵欄

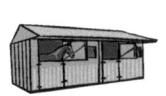

Stall

馬廄

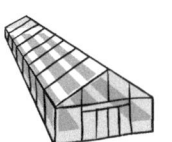

Drievhuus

溫室

Bodden

土壤

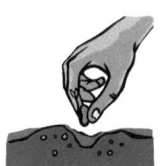

Saat

種子

Dünger

肥料

Meihdöscher

聯合收割機

oornen

收割

Oorn

收割

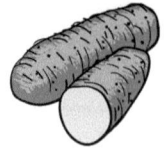

Yamswöttel

地瓜

Weten

小麥

Soja

大豆

Kantüffel

土豆

Törksche Weten

玉米

Rapp

油菜籽

Aaftboom

果樹

Troopsch Kantüffel

樹薯

Koorn

穀物

Huus
房子

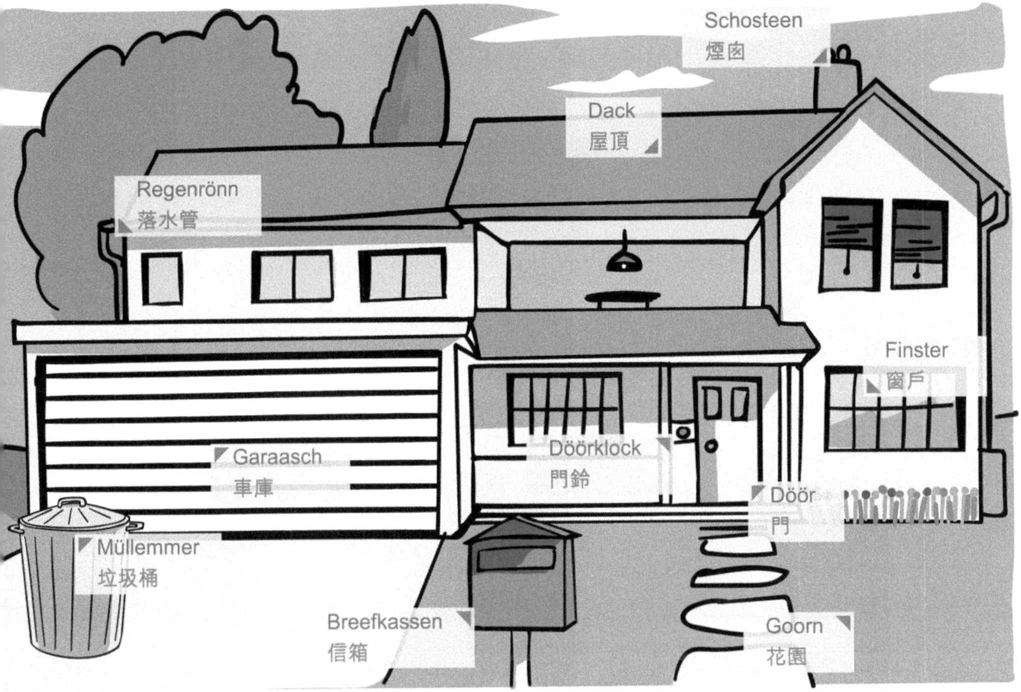

Schosteen
煙囪
Dack
屋頂
Regenrönn
落水管
Finster
窗戶
Garaasch
車庫
Döörklock
門鈴
Döör
門
Müllemmer
垃圾桶
Breefkassen
信箱
Goorn
花園

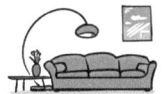

Wahnstuuv

客廳

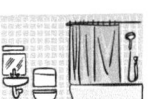

Baadstuuv

浴室

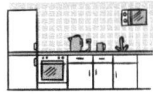

Köök

廚房

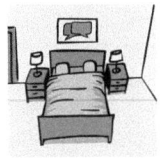

Slaapstuuv

臥室

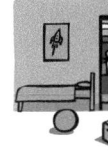

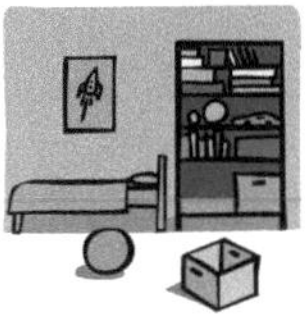

Kinnerstuuv

兒童房

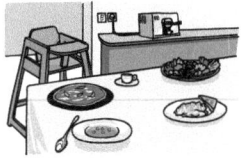

Eetstuuv

餐廳

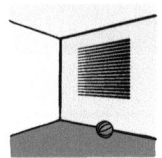

Footbodden

地板

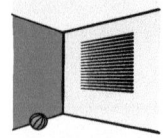

Wand

牆壁

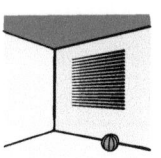

Deek

天花板

Keller

地窖

Hittluftbad

三溫暖

Balkon

陽臺

Terrass

露臺

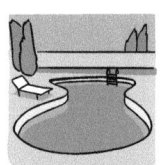

Swümmbad

游泳池

Rasenmeiher

割草機

Bettbetog

被單

Bettdeek

床罩

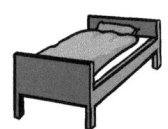

Puuch

床

Bessen

掃帚

Emmer

水桶

Schalter

開關

Wahnstuuv
客廳

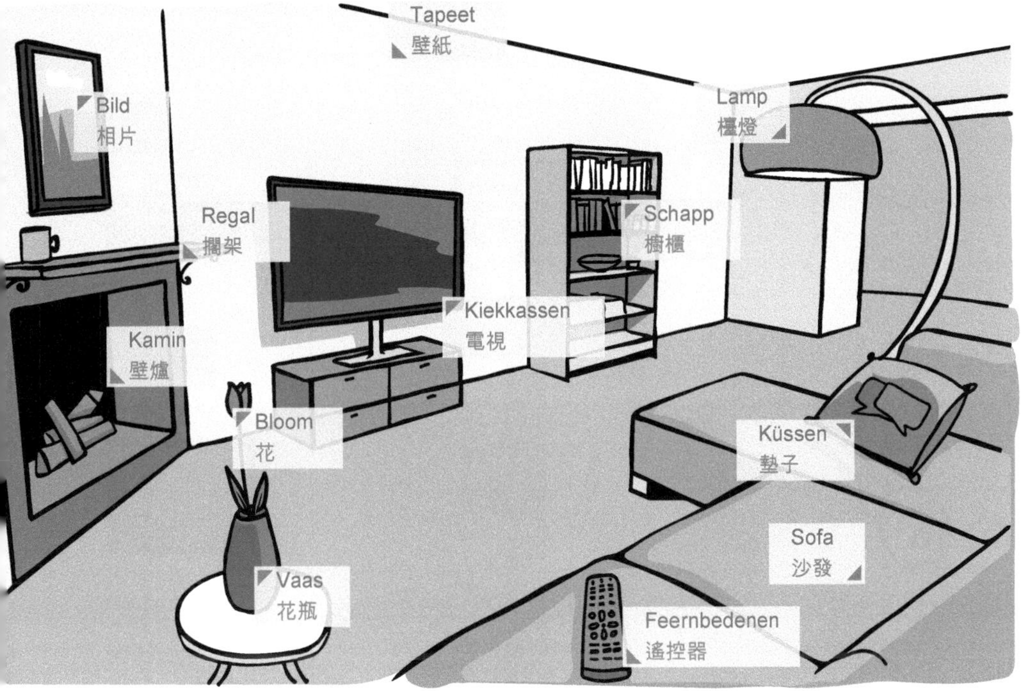

Tapeet
壁紙
Bild
相片
Lamp
檯燈
Regal
擱架
Schapp
櫥櫃
Kiekkassen
電視
Kamin
壁爐
Bloom
花
Küssen
墊子
Sofa
沙發
Vaas
花瓶
Feernbedenen
遙控器

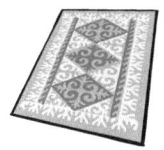

Teppich

地毯

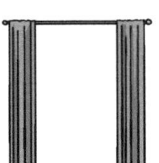

Vörhang

窗簾

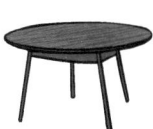

Disch

餐桌

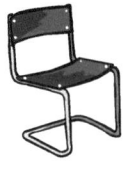

Stohl

椅子

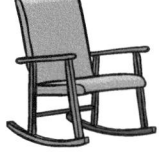

Schuckelstohl

搖椅

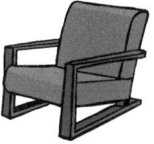

Sessel

扶手椅

Book

書

Deek

毯子

Dekoratschoon

裝飾品

Füerholt

木柴

Film

電影

Stereoanlaag

高傳真音響

Slötel

鑰匙

Narichtenblatt

報紙

Gemälde

油畫

Poster

海報

Radio

收音機

Opschrievblock

筆記本

Huulbessen

吸塵器

Kaktus

仙人掌

Kars

蠟燭

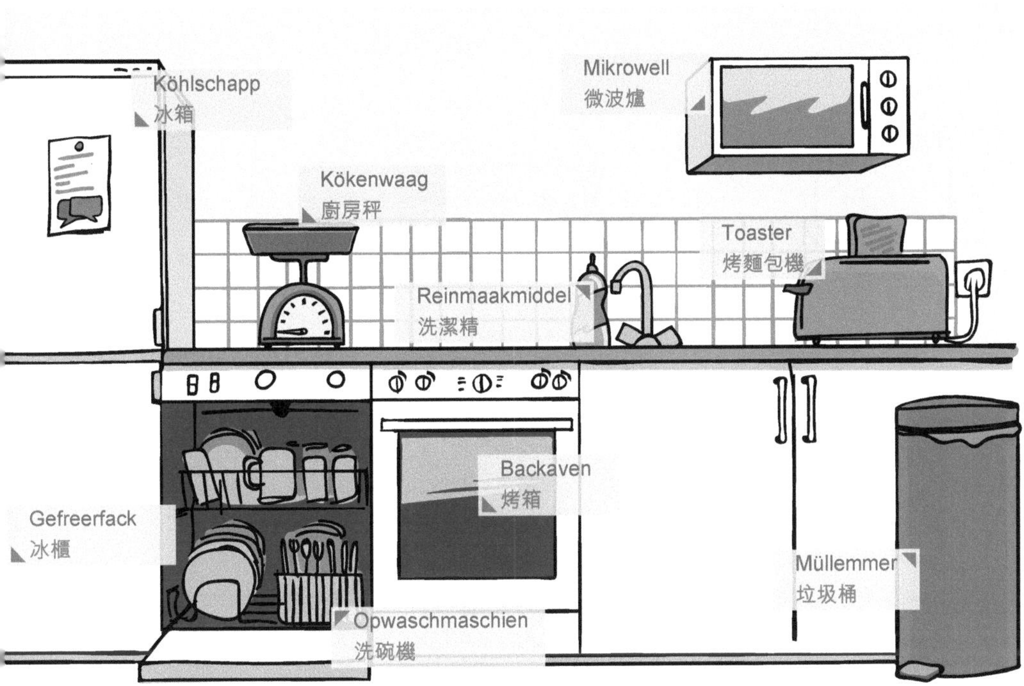

Köhlschapp
冰箱

Mikrowell
微波爐

Kökenwaag
廚房秤

Toaster
烤麵包機

Reinmaakmiddel
洗潔精

Backaven
烤箱

Gefreerfack
冰櫃

Müllemmer
垃圾桶

Opwaschmaschien
洗碗機

Heerd

炊具

Pott

鍋

Gussiesern Putt

鑄鐵鍋

Wok / Kadai

炒鍋

Pann

平底鍋

Waterkaker

水壺

Dampkaakputt

蒸鍋

Backblick

烤盤

Geschirr

陶瓷鍋

Beker

馬克杯

Schaal

碗

Eetsticken

筷子

Suppenkell

長柄勺

Pannenwenner

鏟子

Sneebessen

攪拌器

Kaakseef

濾網

Seef

篩子

Riev

磨碎機

Mörser

研缽

Grill

燒烤

Füerstell

明火

Sniedbrett

菜板

Nudelholt

擀麵杖

Proppentrecker

開瓶器

Doos

罐子

Dosenaapner

開罐器

Pottlappen

隔熱手套

Waschbecken

水槽

Böst

刷子

Swamm

海綿

Mixer

攪拌機

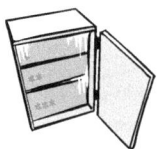

Iesschapp

冷藏箱

Nuckelbuddel

奶瓶

Waterhahn

水龍頭

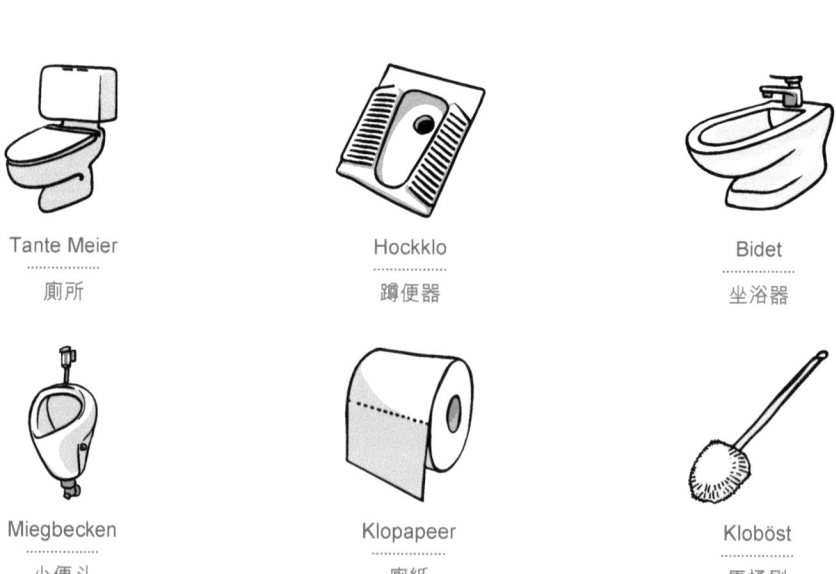

Baadstuuv
浴室

Heizung
供暖裝置
Handdook
毛巾
Bruus
淋浴
Bruusvörhang
浴簾
Schuumbad
泡沫浴
Baadwann
浴缸
Glas
玻璃杯
Waschmaschien
洗衣機
Waterhahn
水龍頭
Fliesen
瓷磚
lütte Putt
便壺
Waschbecken
水槽

Tante Meier
廁所

Hockklo
蹲便器

Bidet
坐浴器

Miegbecken
小便斗

Klopapeer
廁紙

Kloböst
馬桶刷

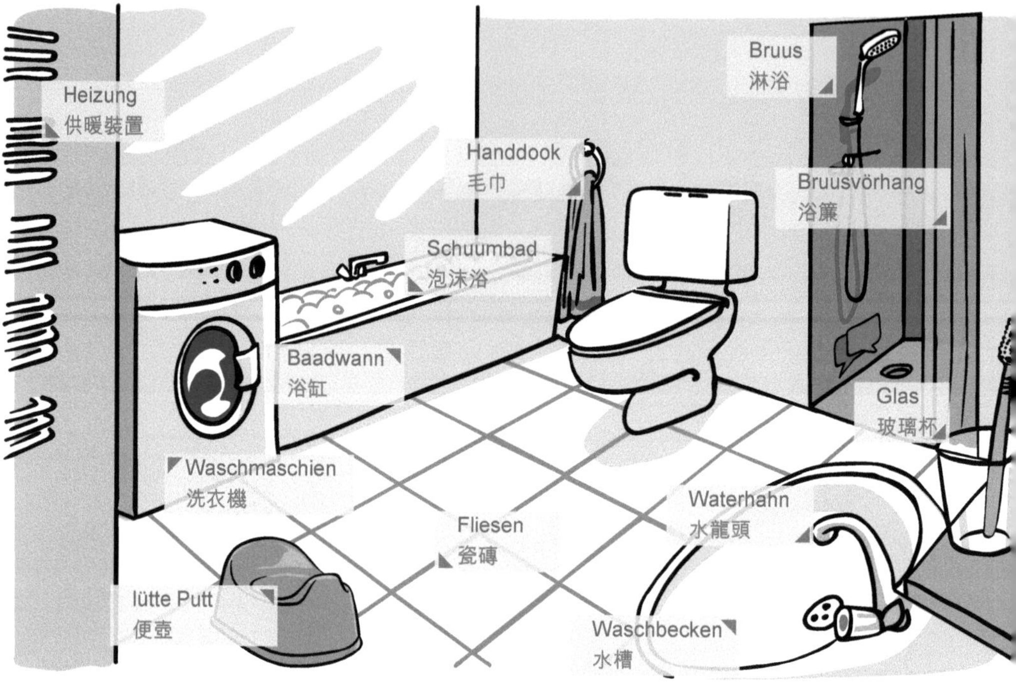

Tähnböst

牙刷

Tähnpast

牙膏

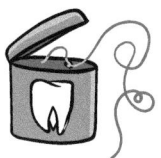

Tähnsied

牙線

waschen

洗

Handbruus

手持式蓮蓬頭

Intimbruus

沖洗器

Waschschöttel

洗臉盆

Rüchböst

洗背刷

Seep

肥皂

Bruusgeel

沐浴露

Hoorwaschmiddel

洗髮乳

Waschlappen

法蘭絨

Afloop

排水

Creme

乳霜

Deodorant

除臭劑

Spegel

鏡子

Kosmetikspegel

手鏡

Raserer

刮鬍刀

Raseerschuum

刮鬍泡沫

Raseerwater

鬚後水

Kamm

梳子

Böst

刷子

Hoordröger

吹風機

Hoorspray

噴髮定型劑

Smink

化妝品

Lippensticken

唇膏

Nagellack

指甲油

Watt

化妝棉

Nagelscheer

指甲剪

Rüükwater

香水

Kulturbüdel

洗漱包

Schemel

凳子

Waag

計重秤

Baadmantel

浴袍

Gummihanschen

橡膠手套

Tampon

衛生棉條

Damenbinn

衛生棉

Chemieklo

化學廁所

Kinnerstuuv
兒童房

Wecker
鬧鐘
Knudeldeert
毛絨玩具
Speeltüüchauto
玩具車
Klöter
撥浪鼓
Poppenhuus
玩具屋
Geschenk
禮物

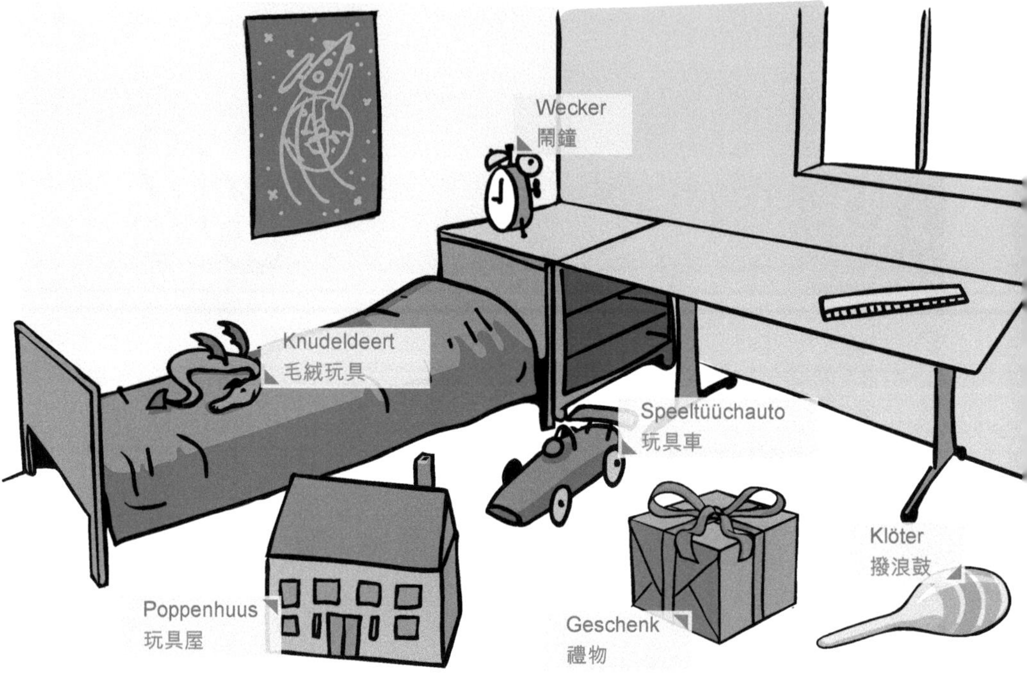

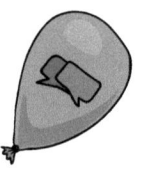

Luftballon

氣球

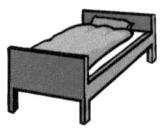

Puuch

床

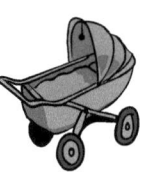

Kinnerwagen

嬰兒車

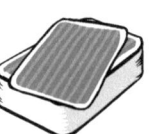

Koortenspeel

撲克牌

Puzzle

拼圖

SUPER
MEGA

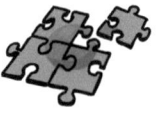

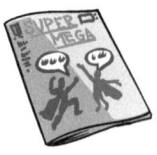

Billergeschicht

漫畫

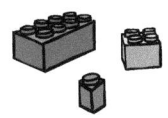

Legostenen

樂高積木

Bustenen

積木玩具

Action-Figur

公仔

Strampelantog

嬰兒服

Frisbeeschiev

飛盤

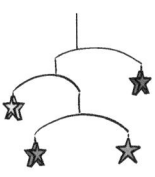

Mobile

床鈴玩具

Brettspeel

棋盤遊戲

Wörpel

骰子

Modelliesenbahn

火車模型

Snuller

安撫奶嘴

Party

派對

Billerbook

繪本

Ball

球

Popp

洋娃娃

spelen

玩

Sandkassen

沙坑

Schuckel

鞦韆

Speeltüüch

玩具

Speelkonsool

電玩遊戲

Dreerad

三輪車

Teddyboor

泰迪熊

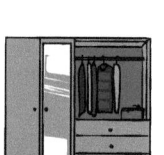

Klederschapp

衣櫃

Tüüch

衣服

Socken

襪子

Strümp

長襪

Strumpbüx

緊身褲

Halsdook
圍巾

Liefreem
皮帶

Paraplü
雨傘

T-Shirt
T恤

Stevel
靴子

Puuschen
拖鞋

Turnschoh
運動鞋

Sandalen
涼鞋

Schoh
鞋

Gummistevel
雨靴

Ünnerbüx
內褲

Bostholler
胸罩

Ünnerhemd
背心

Tüüch - 衣服 　　45

Lief

身體

Büx

褲子

Jeansnüx

牛仔褲

Rock

短裙

Bluus

女式襯衫

Hemd

襯衫

Pullover

套頭衫

Kapuzenpullover

連帽上衣

Blazer

西裝夾克

Jack

夾克

Mantel

外套

Övertrecker

雨衣

Kostüm

套裝

Kleed

連衣裙

Hochtietskleed

婚紗

Antog

西裝

Nachtkleed

睡袍

Slaapantog

睡衣

Sari

莎麗

Koppdook

頭巾

Turban

包頭巾

Burka

波卡

Kaftan

卡夫坦

Abaya

(阿拉伯式)長袍

Baadantog

泳衣

Baadbüx

男式泳褲

Korte Büx

短褲

Antog to'n Öven

運動服

Schört

圍裙

Handschoh

手套

Knopp

鈕扣

Brill

眼鏡

Armband

手鏈

Halskeed

項鍊

Ring

戒指

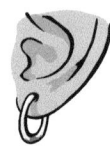

Ohrbummel

耳環

Mütz

便帽

Klederbögel

衣架

Hoot

帽子

Binner

領帶

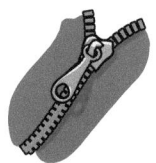

Rietslüter

拉鍊

Helm

安全帽

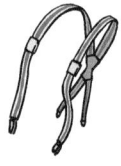

Drachtband

背帶

Schooluniform

校服

Uniform

制服

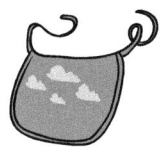

Severböten

圍兜

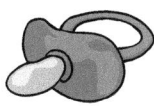

Snuller

安撫奶嘴

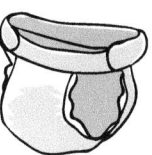

Winnel

尿布

Büro

辦公室

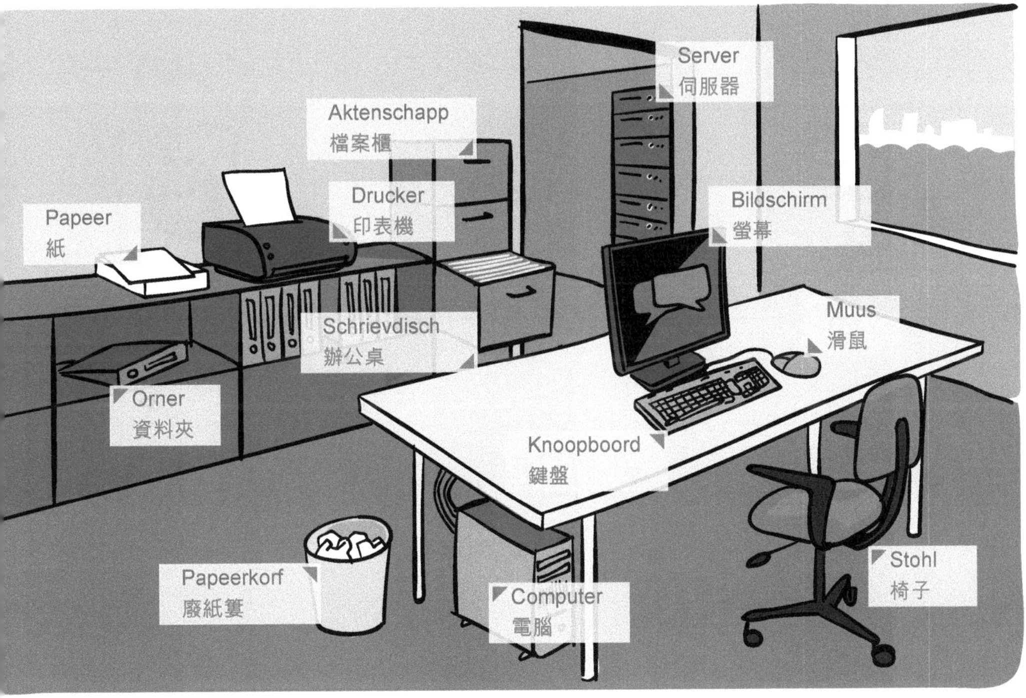
Server
伺服器
Aktenschapp
檔案櫃
Drucker
印表機
Papeer
紙
Bildschirm
螢幕
Muus
滑鼠
Schrievdisch
辦公桌
Orner
資料夾
Knoopboord
鍵盤
Papeerkorf
廢紙簍
Computer
電腦
Stohl
椅子

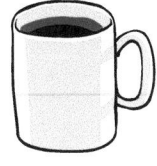

Koffiebeker

咖啡杯

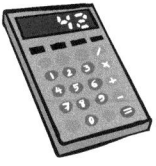

Taschenreekner

計算機

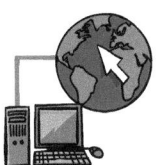

Internet

網際網路

Klappreekner

筆記型電腦

Breef

信件

Naricht

簡訊

Ackersnacker

行動電話

Nettwark

網路

Kopeerapparat

影印機

Software

軟體

Klöönkassen

電話

Steekdoos

插座

Faxapparat

傳真機

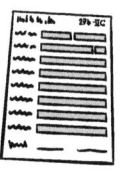

Formulor

表格

Dokument

檔案

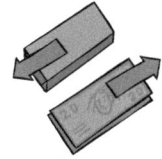

köpen

買

betahlen

付錢

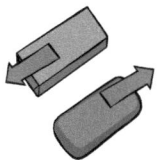

hanneln

交易

Geld

現金

Dollar

美元

Euro

歐元

Yen

日元

Ruvel

盧布

Swiezer Franken

瑞士法郎

Renminbi Yuan

人民幣

Rupie

盧比

Geldautomat

提款處

Wesselstuuv

外幣兌換處

Gold

金

Sülver

銀

Ööl

石油

Energie

能源

Pries

價格

Verdrag

合約

Stüer

稅金

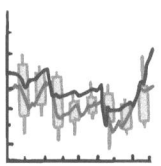

Andeelschien

股票

arbeiden

工作

Anstellte

職員

Arbeitgever

老闆

Fabrik

工廠

Hökerie

商店

Profeschonen
職業

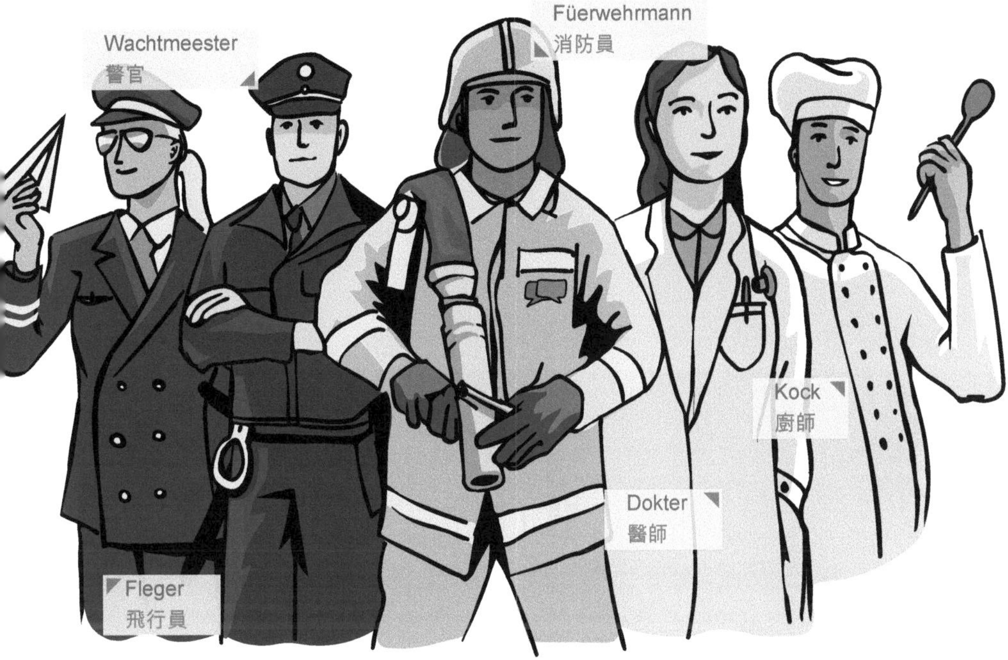

Wachtmeester
警官
Füerwehrmann
消防員
Kock
廚師
Dokter
醫師
Fleger
飛行員

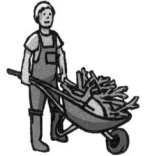

Goorner

園丁

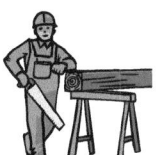

Discher

木匠

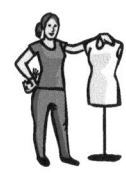

Neihersche

裁縫

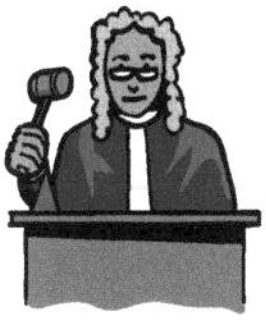

Richter

法官

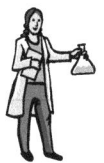

Chemiker

化學家

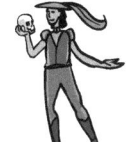

Schauspeler

演員

Busfohrer

公車司機

Taxifohrer

計程車司機

Fischer

漁夫

Reinmaakfru

清洗女工

Dackdecker

屋頂工

Kellner

服務生

Jäger

獵人

Maler

畫家

Bäcker

麵包師

Elektriker

電工

Buarbeider

建築工人

Ingenieur

工程師

Slachter

屠夫

Klempner

水管工

Postbüdel

郵差

Suldat

士兵

Architekt

建築師

Kasserer

收銀員

Florist

花農

Putzbüdel

理髮師

Schaffner

售票員

Mechaniker

機械技師

Kaptein

船長

Tähndokter

牙醫

Wetenschopler

科學家

Rabbi

拉比

Imam

伊瑪目

Mönk

和尚

Paap

牧師

Warktüüch

工具

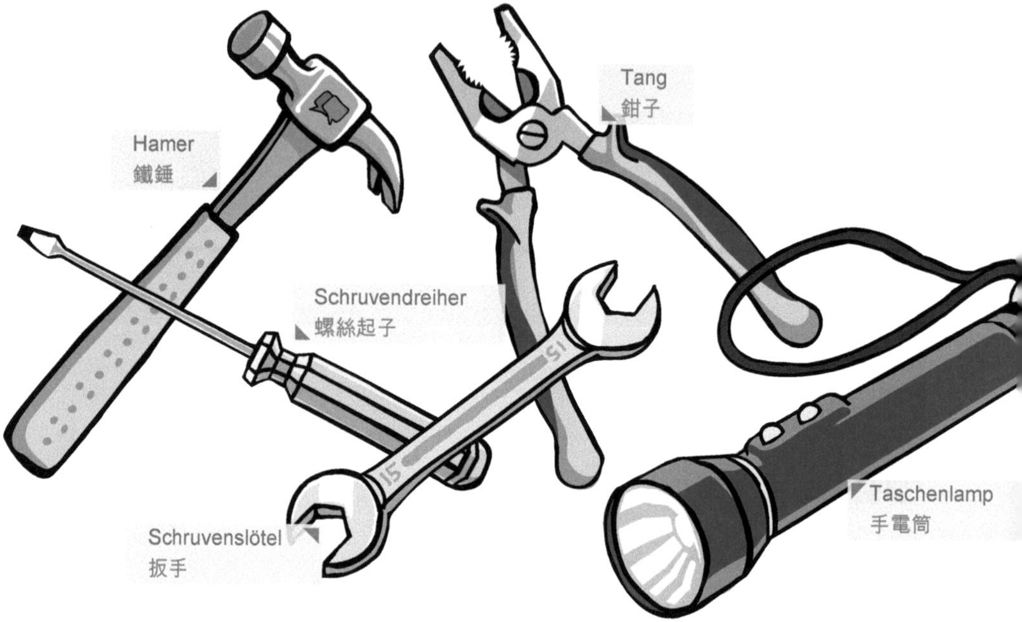
Tang
鉗子
Hamer
鐵錘
Schruvendreiher
螺絲起子
Taschenlamp
手電筒
Schruvenslötel
扳手

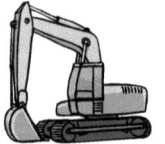

Grieper

挖掘機

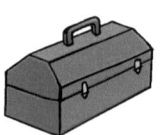

Warktüüchkassen

工具箱

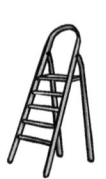

Ledder

梯子

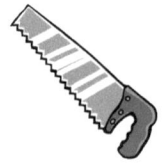

Saag

鋸子

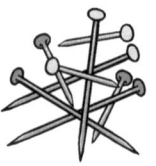

Nagels

釘子

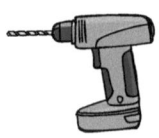

Bohrer

鑽機

heelmaken

修

Schüffel

鏟子

Schiet!

糟糕！

Kehrblick

畚箕

Farvpott

油漆桶

Schruven

螺絲

Musikinstrumenten

樂器

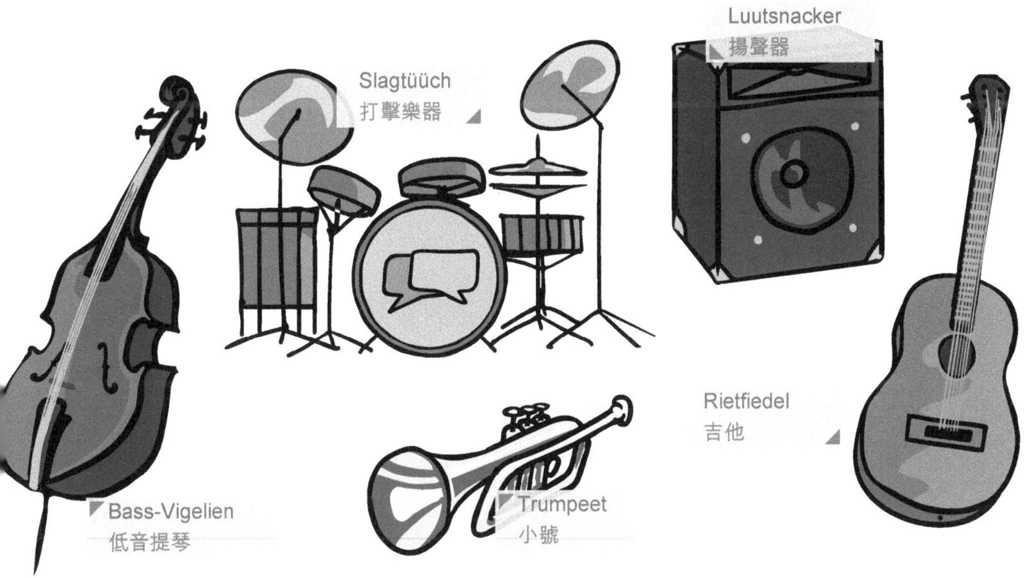

Slagtüüch
打擊樂器

Luutsnacker
揚聲器

Bass-Vigelien
低音提琴

Trumpeet
小號

Rietfiedel
吉他

Klaveer

鋼琴

Vigelien

小提琴

Bass

貝斯

Pauk

定音鼓

Trummeln

鼓

Keyboard

電子琴

Saxophon

薩克斯風

Fleut

長笛

Mikrofoon

麥克風

Deertenpark
動物園

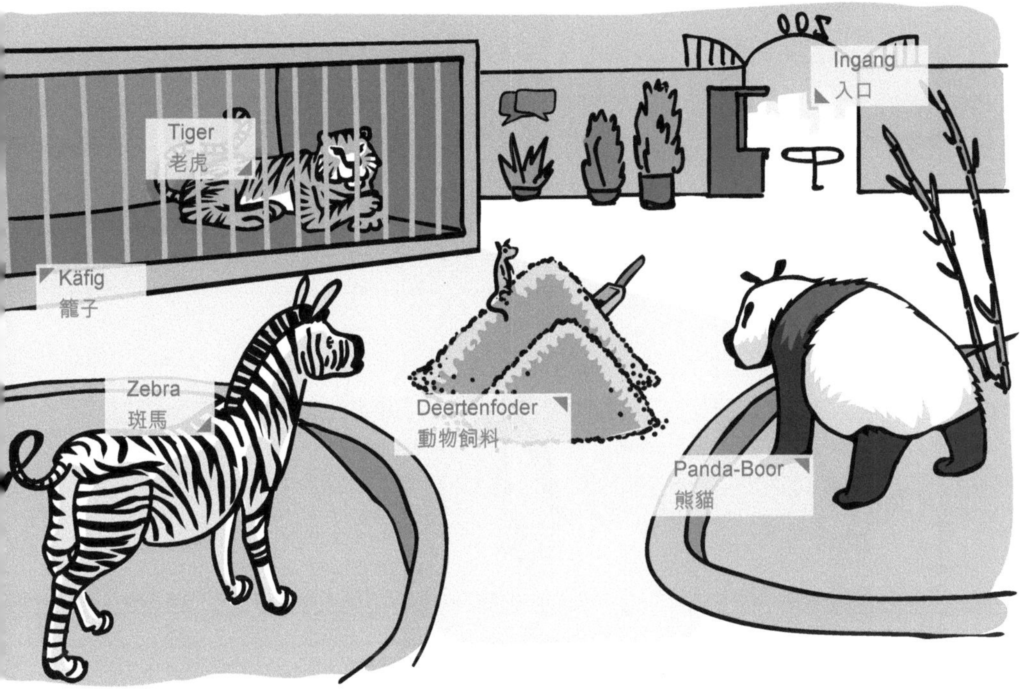

Ingang
入口
Tiger
老虎
Käfig
籠子
Zebra
斑馬
Deertenfoder
動物飼料
Panda-Boor
熊貓

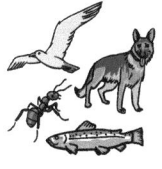

Deerten
動物

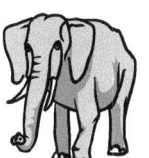

Elefant
大象

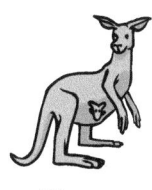

Känguru
袋鼠

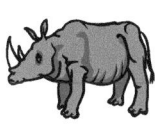

Neeshoorn
犀牛

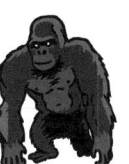

Gorilla
大猩猩

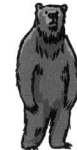

Boor
熊

Kameel

駱駝

Struuß

鴕鳥

Lööv

獅子

Aap

猴子

Flamingo

紅鶴

Papagoi

鸚鵡

Iesboor

北極熊

Pinguin

企鵝

Haifisch

鯊魚

Pageluun

孔雀

Slang

蛇

Krokodil

鱷魚

Oppasser in'n Deertenpark

動物園管理員

Saalhund

海豹

Jaguor

美洲豹

Pony

矮種馬

Leopard

豹

Nilpeerd

河馬

Giraff

長頸鹿

Aadler

老鷹

Wildswien

野豬

Fisch

魚

Schildkrööt

龜

Walross

海象

Voss

狐狸

Gazell

羚羊

體育

Amerikaansch Football
橄欖球

Radfohren
騎腳踏車

Tennis
網球

Korfball
籃球

Swümmen
游泳

Boxen
拳擊

Ieshockey
冰球

Football

美式足球

Fedderball

羽毛球

Leichtathletik

田徑

Handball

手球

Skilopen

滑雪

Polo

馬球

springen
跳

lachen
笑

ümarmen
擁抱

gahn
走路

singen
唱

drömen
做夢

beden
祈禱

snuteln
親吻

schrieven
書寫

teken
畫

wiesen
展示

drücken
推

geven
給

nehmen
拿

hebben

有

doon

做

sien

當

stahn

站

lopen

跑

trecken

拉

smieten

丟

fallen

摔倒

liggen

躺

töven

等待

dregen

攜帶

sitten

坐

antrecken

穿衣

slapen

睡覺

opwaken

醒來

ankieken

看

wenen

哭

eien

擊

kämmen

梳頭

snacken

交談

verstahn

明白

fragen

問

hören

聽

drinken

喝

eten

吃

oprümen

清理

leefhebben

愛

kaken

做飯

fohren

開車

flegen

飛

segeln

航行

reken

計算

lesen

讀

lehren

學習

arbeiden

工作

de Plünnen tohoopsmieten

結婚

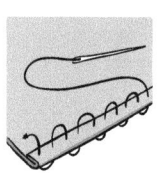

neihen

縫

Tähnen putzen

刷牙

dootmaken

殺

smöken

抽菸

schicken

寄

Grootmoder
祖母

Grootvadder
祖父

Vadder
父親

Moder
母親

Winnelkind
嬰兒

Dochter
女兒

Söhn
兒子

Gast

客人

Tant

阿姨

Unkel

叔叔

Broder

兄弟

Süster

姐妹

Lief

身體

Vörkopp
前額
Oog
眼睛
Schuller
肩膀
Finger
手指
Gesicht
臉
Kinn
下巴
Hand
手
Bost
乳房
Been
腿
Arm
手臂

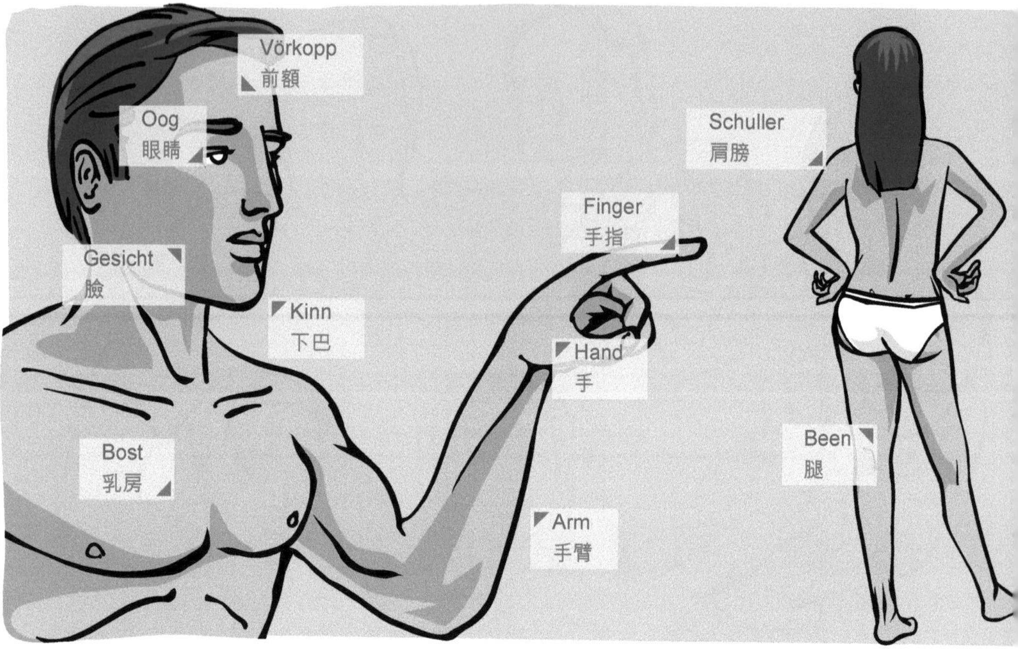

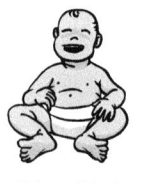

Winnelkind

嬰兒

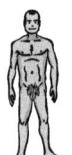

Mann

男人

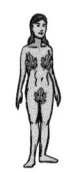

Fro

女人

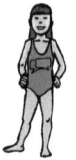

Deern

女孩

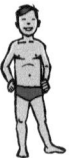

Jung

男孩

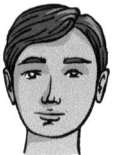

Arm

頭

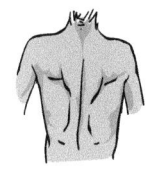

Rüch

背部

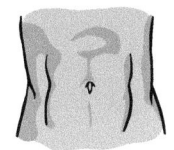

Buuk

肚子

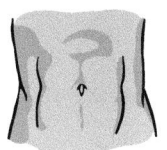

Navel

肚臍

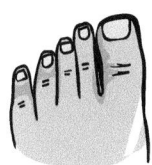

Teh

腳趾

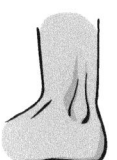

Hack

腳後跟

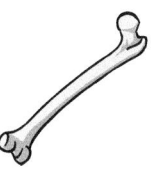

Knaken

骨頭

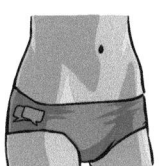

Hüft

臀部

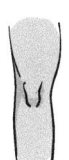

Knee

膝蓋

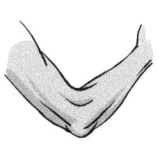

Ellbagen

手肘

Nees

鼻子

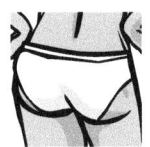

Achtersen

屁股

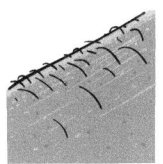

Huut

皮膚

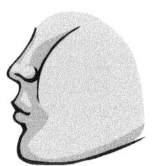

Back

臉頰

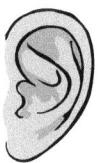

Ohr

耳朵

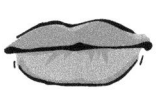

Lipp

嘴唇

Mund

嘴

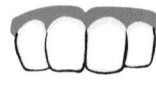

Tähn

牙齒

Tung

舌頭

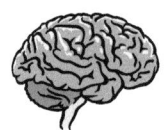

Bregen

腦

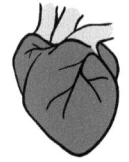

Hart

心臟

Muskel

肌肉

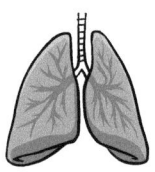

Lung

肺

Lever

肝臟

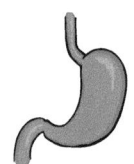

Maag

胃

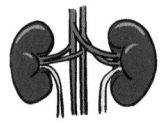

Neren

腎臟

Bislaap

性交

Kondoom

保險套

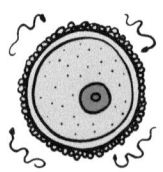

Eizell

卵子

Sperma

精子

Anner Ümstänn

懷孕

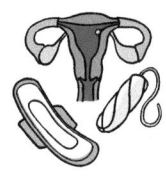

Menstruatschoon

月事

Scheed

陰道

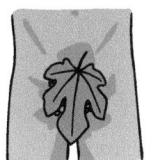

Pint

陰莖

Ogenbroe

眉毛

Hoor

頭髮

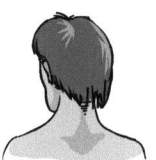

Hals

脖子

Krankenhuus
醫院

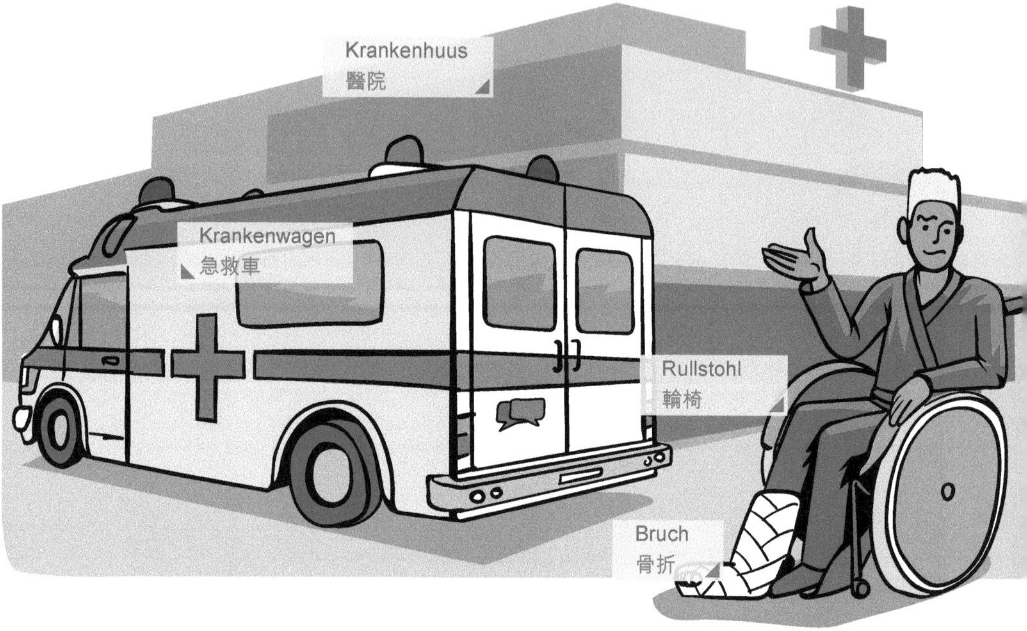

Krankenhuus
醫院
Krankenwagen
急救車
Rullstohl
輪椅
Bruch
骨折

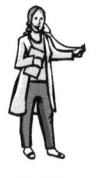

Dokter
醫師

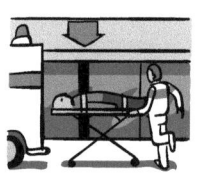

Nootopnahm
急診室

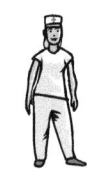

Krankensüster
護理師

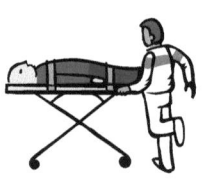

Nootfall
緊急情形

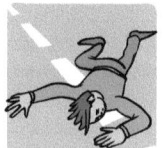

ahnmächtig
昏迷

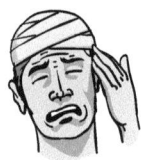

Wehdaag
痛

Verwunnen

受傷

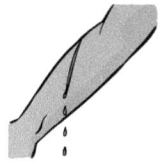

Blöden

出血

Hartinfarkt

心臟病發作

Slaganfall

中風

Allergie

過敏

Hoosten

咳嗽

Fever

發燒

Gripp

流感

Dörchfall

腹瀉

Koppwehdaag

頭痛

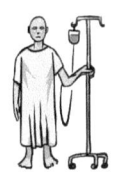

Kreeft

癌症

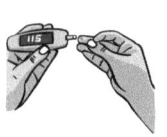

Zuckersüük

糖尿病

Chirurg

外科醫師

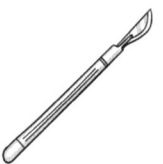

Chirurgsch Mess

手術刀

Operatschoon

手術

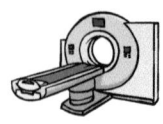

CT

電腦斷層掃描

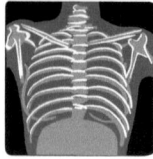

Dörchlüchten

X光

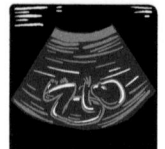

Ultraschall

超音波

Mask

口罩

Krankheit

疾病

Töövruum

候診室

Krück

拐杖

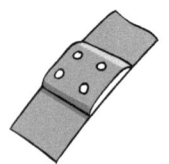

Plaaster

石膏

Verband

繃帶

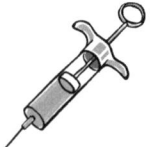

Insprütten

注射

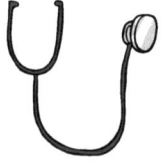

Stethoskop

聽診器

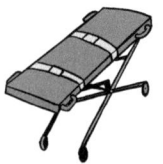

Draag

擔架

Feverthermometer

體溫計

Geboort

出生

Övergewicht

超重

Höörapparat

助聽器

Kiemfriemiddel

消毒液

Ansteken

感染

Virus

病毒

HIV / AIDS

愛滋病

Heelmiddel

藥物

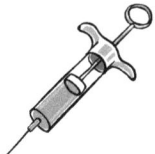

Impen

接種疫苗

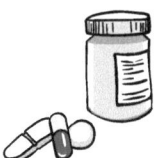

Tabletten

藥片

Pill

藥丸

Nootroop

急救電話

Blootdruck-Meter

血壓計

krank / gesund

生病/健康

Alarm

警報

Överfall

突擊

Hölp!

救命！

Angreep

攻擊

Gefohr

危險

Nootutgang

緊急出口

Füer!

失火了！

Füerlöscher

滅火器

Unfall

意外

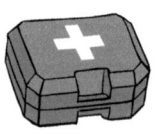

Noothölpkoffer

急救箱

SOS

呼救訊號

Polizei

員警

Europa

歐洲

Noordamerika

北美洲

Süüdamerika

南美洲

Afrika

非洲

Asien

亞洲

Australien

澳洲

Atlantik

大西洋

Pazifik

太平洋

Indisch Weltmeer

印度洋

Antarktisch Weltmeer

南冰洋

Arktisch Weltmeer

北冰洋

Noordpol

北極

Süüdpol
....
南極

Antarktis
....
南極洲

Eerd
....
地球

Land
....
陸地

See
....
海

Eiland
....
島

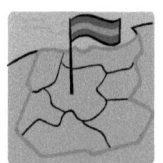

Natschoon
....
國家

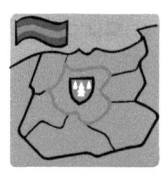

Staat
....
州

Tallenblatt

錶盤

Stunnenwieser

時針

Minutenwieser

分針

Sekunnenwieser

秒針

Wo laat is dat?

現在幾點？

Dag

天

Tiet

時間

nu

現在

digetaalsch Klock

電子錶

Minuut

分

Stunn

時

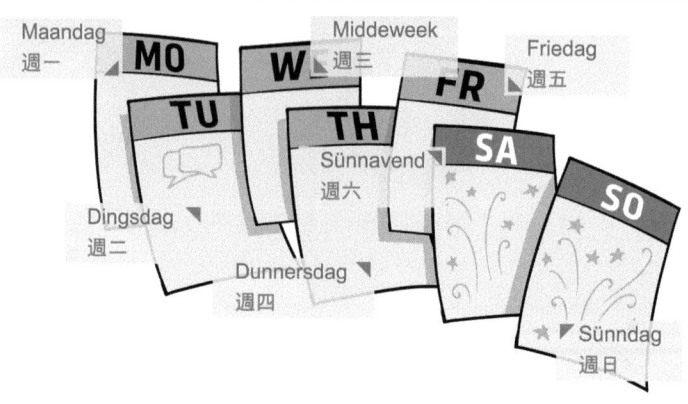

Maandag
週一

Middeweek
週三

Friedag
週五

Dingsdag
週二

Dunnersdag
週四

Sünnavend
週六

Sünndag
週日

güstern
昨天

hüüt
今天

morgen
明天

Morgen
早晨

Meddag
中午

Avend
晚上

Arbeitsdaag
工作日

Wekenenn
週末

Regen
雨

Regenbagen
▶ 彩虹

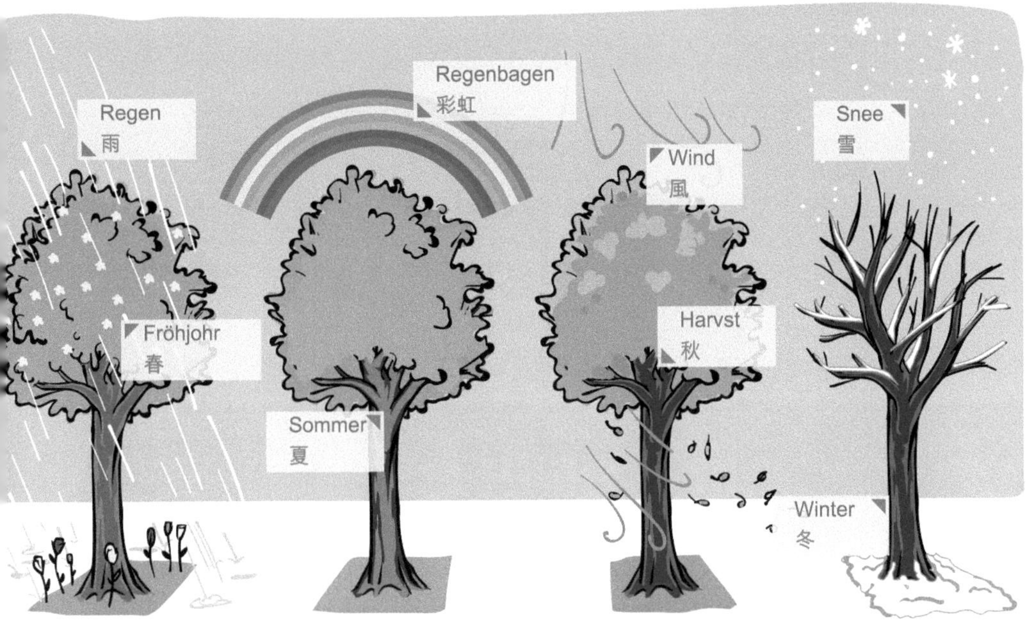

Snee
雪

Wind
風

Fröhjohr
春

Harvst
秋

Sommer
夏

Winter
冬

	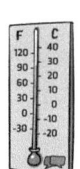	
Wedervörhersaag	Thermometer	Sünnenschien
天氣預告	溫度計	陽光

Wulk	Nevel	Luftfuchtigkeit
雲	霧	潮濕

Blitz

閃電

Dunner

打雷

Storm

風暴

Hagel

冰雹

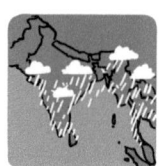

Monsun

季風

Floot

洪水

Ies

冰

Januormaand

一月

Februormaand

二月

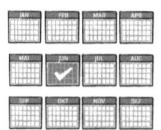

Martmaand

三月

Aprilmaand

四月

Maimaand

五月

Junimaand

六月

Julimaand

七月

Augustmaand

八月

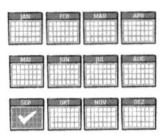

Septembermaand

九月

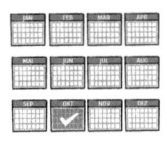

Oktobermaand

十月

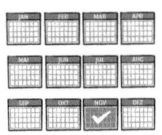

Novembermaand

十一月

Dezembermaand

十二月

Formen

形狀

Krink

圓形

Quadrat

正方形

Rechteck

長方形

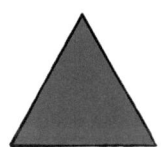

Dreeeck

三角形

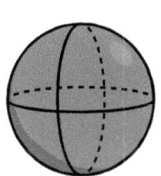

Kugel

球體

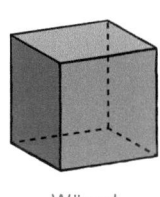

Wörpel

立方體

Farven
顏色

witt

白

geel

黃

orangsch

橙

pink

粉

root

紅

lila

紫

blau

藍

gröön

綠

bruun

棕

gries

灰

swart

黑

veel / wenig

很多/少許

böös / verdreeglich

生氣/平靜

smuck / mies

美/醜

Begünn / Enn

首/尾

groot / lütt

大/小

hell / düüster

明/暗

Broder / Süster

兄弟/姐妹

schier / schietig

乾淨/骯髒

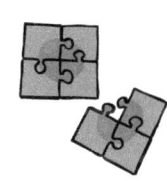

kumpleet / nich kumpleet

完整/缺失

Dag / Nacht

白天/晚上

doot / lebennig

死/生

breet / small

寬/窄

geneetbor / nich geneetbor

可食用/非食用

böös / fründlich

邪惡/善良

fickerig / langwielt

興奮/無聊

dick / dünn

胖/瘦

toeerst / toletzt

第一/最後

Fründ / Fiend

朋友/敵人

vull / leddig

滿/空

hart / week

硬/軟

swoor / licht

重/輕

Smacht / Döst

餓/渴

krank / gesund

生病/健康

nich na't Recht / na't Recht

非法/合法

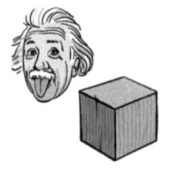

klook / dummerhaftig

聰明/愚笨

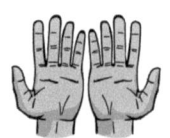

linkerhand / rechterhand

左/右

neeg / feern

近/遠

nieg / bruukt

新/舊

nix / wat

沒有/有些

oolt / jung

老/幼

an / ut

開/關

apen / slaten

打開/闔上

lies / luut

安靜/吵鬧

riek / arm

富/窮

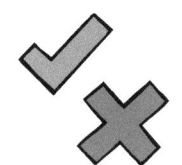

richtig / verkehrt

對/錯

ruug / glatt

粗糙/光滑

trurig / glücklich

傷心/高興

kort / lang

短/長

suutje / flink

慢/快

natt / dröög

濕/乾

warm / köhl

溫暖/涼爽

Krieg / Freden

戰爭/和平

0

null

零

1

een

一

2

twee

二

3

dree

三

4

veer

四

5

fief

五

6

söss

六

7

söven

七

8

acht

八

9

negen

九

10

teihn

十

11

ölven

十一

12
twölf
十二

13
dörteihn
十三

14
veerteihn
十四

15
föffteihn
十五

16
sössteihn
十六

17
söventeihn
十七

18
achtteihn
十八

19
negenteihn
十九

20
twintig
二十

100
hunnert
百

1.000
dusend
千

1.000.000
million
百萬

Spraken

語言

Engelsch

英語

Amerikaansch Engelsch

美式英語

Chineesch Mandarin

普通話

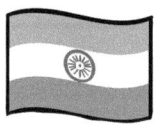

Hindi

印地語

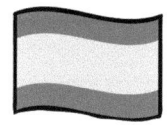

Spaansch

西班牙語

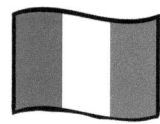

Franzöösch

法語

Araabsch

阿拉伯語

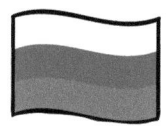

Rusch

俄語

Portugiesch

葡萄牙語

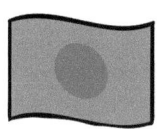

Bengaalsch

孟加拉語

Düütsch

德語

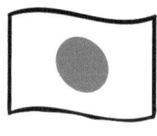

Japaansch

日語

ik

我

du

你

he / se / dat

他/她/它

wi

我們

ji

你們

se

他們

keen?

誰？

wat?

什麼？

woans?

如何？

woneem?

何處？

wannehr?

何時？

Naam

名字

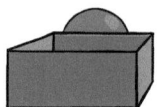

achter

後面

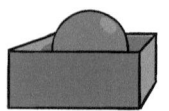

in

裡面

vör

前面

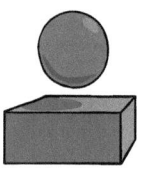

över

上方

op

上面

ünner

下麵

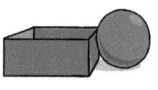

blangen

旁邊

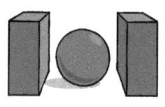

twüschen

中間

Oort

地點